Carolin Held

SCHATTENSEITEN

Carolin Held

SCHATTENSEITEN

© 2021 Lydia Carolin Held

Herstellung und Verlag:
BoD – Books on Demand, Norderstedt

ISBN: 9783754324271

Inhaltsübersicht

Kapitel	Seite
Zeit	7
Liebe & Liebeskummer	13
Selbstverlust	21
Perspektivenwechsel	39
Formfreie Lyrik	45

ZEIT

Einsame Nacht

Wenn das Licht so düster fällt,
die Welt nichts zusammenhält,
und die Vögel fliegen fort,
fern, an einen fremden Ort.

Wenn die Wipfel sich leis' biegen,
Tiere sich in ihnen wiegen,
und der Mond lässt uns zurück,
flüchtigt sich Stück für Stück.

Wenn die Zeit so langsam rennt,
eigenwillig, wie man sie kennt,
und der Mut gibt sich dem hin,
dem Schmerz, dem Schmach, dem Leben ohne Sinn.

April 2019

Winter

Nachdem Tage länger wurden,
und Sonnenlicht die Nacht vertrieb,
nachdem Lichter Wärme luden,
sang jeder Vogel dasselbe Lied.

Wie die Zeit den Tag verschluckt,
wie die Wärme der Kälte weicht,
wie die Welt im Winde zuckt,
während die Nacht sich zart anschleicht.

Und das letzte Blatt zerfällt,
zergeht in meiner Hand,
weil der Sommer nicht ewig hält,
stürzt's langsam in den Sand.

Das Land liegt fern, das Land liegt brach,
jeder Blick verglüht in ihm,
weil niemand jemals widersprach,
kann nun auch keiner flieh'n.

Die schöne Zeit ist Vergangenheit,
der Sommer kehrt nicht zurück,
denn auch wenn die Sonne bei uns weilt,
vermisst meine Seele ihr Glück.

April 2019

Dämonen aus der Vergangenheit

Die Welt...
Sie dreht sich immer fort,
wendet sich ab und sagt kein Wort,
die Welt...
sie bleibt nicht einfach steh'n,
aber meinen Beinen fehlt die Kraft zu geh'n,
doch all das stammt aus einer anderen Zeit,
es hieß doch, wir wären nicht bereit!
Es sind Dämonen... aus der Vergangenheit.

Das Licht...
Die Sonne geht weiter auf,
kraxelt und klettert den Berg hinauf,
das Licht...
es sticht mir die Augen aus,
denn ich kann noch nicht aus den Schatten raus,
doch all das stammt aus einer anderen Zeit,
es hieß doch, wir wären nicht bereit!
Es sind Dämonen... aus der Vergangenheit.

Die Angst...
Sie pocht noch immer laut,
pulsiert in meinen Knochen, unter meiner Haut,
die Angst...
in ihr bin ich gefror'n,
als hätt' ich noch immer die Kraft verlor'n,
doch all das stammt aus einer anderen Zeit,
es hieß doch, wir wären nicht bereit!
Es sind Dämonen... aus der Vergangenheit.

Dämonen...
Sie halten mich ewig fest,
ernähren sich von meiner Pest,
Dämonen...
Mit ihrer alten List,
und ich, die nicht weiß, was die Wirklichkeit ist.

März 2021

Rennen der Zeit

Leben schleichend wie in Trance,
lauernd auf die nächste Chance,
steht die Zeit doch endlich still,
weiß doch, dass sie nichts halten will.

Angst und Scheu fließend im Sumpf,
nichts bleibt jemals wie im Wunsch,
und die Zeit rennt immer fort,
Erinnerungen ohne Ort.

Jahre hechelnd voller Leid,
vergänglicher Sicherheit,
Verlust der Vergangenheit,
und lebenslanger Einsamkeit.

März 2020

LIEBE
&
LIEBESKUMMER

Geister

Hörst du das Flehen der Geister?
Abends durch die Ruh'?
Nein, bist du doch nicht ihr Meister.
Schaust bloß mit glas'gen Augen zu.

Wovon, sag mir, denkst du an mir?
Fühlst du, was ich fühl?
Rauben Geister den Schlaf auch dir?
Nackt, kalt, rau, verloren und kühl.

Schreien laut und voller Kummer,
Meinen Traum heraus,
nehmen mir doch meinen Schlummer,
Flüstern ins Ohr mir ein und aus.

Reden von so schönen Dingen,
Träum den schönen Traum,
Doch Wehmut, hör ich sie singen,
voll Verzweiflung durch jeden Raum.

Weiß ich doch nicht, wie du mich siehst,
Wer ich für dich bin,
ob du vielleicht nur vor mir fliehst?
Mein Traum vollkommen ohne Sinn.

November 2017

Sehnsuchtsschrei

Diesen physischen Schmerz, den ich empfinde,
den hab ich sicher schon gekannt,
dieses schleichende Erblinden...,
und dass die Trauer langsam schwand...
Dass sie einem neuen Gefühl Platz machte,
das nie etwas bewegt,
bis es einen gefühlt umbrachte,
das hab ich alles schon erlebt!

Ich wünschte, das würde überhaupt etwas bedeuten,
und die Erzählung würd' sich lohn'n.
doch ich kann damit nichts erbeuten,
und man wird mich jetzt auch nicht schon'n.
Sind wir doch mal ehrlich,
es tut beschissen weh,
und ist's noch so beschwerlich,
es kommt keine gute Fee.

Ob erstes oder fünftes Mal,
ist der Schmerz verflucht real,
doch es wär' tausendfach so fatal,
zu behaupten, er wäre mir egal.

September 2020

Bleib

Bleib.
Du bist das Strahlende, das Leuchtende, das Helle und
ich kann nicht ohne dich.
Also verlass mich nicht.
Du kannst doch nicht gehen und mich hier stehen
lassen,
du kannst dich nicht abwenden und mich einfach
hassen!
Also bleib. Ich bitte dich... bleib.
Ich brauche deine Hilfe, weil ich sonst nicht dagegen
ankomme,
ich brauche Energie, die Wärme... vielleicht ein wenig
Sonne...

du gehst immer weiter fort,
hörst mir gar nicht richtig zu,
und die Nebel ziehen auf,
denn das Hindernis warst nur du!
Also bleib doch bitte, bleib...
Es zieht mich weiter in die Tiefe,
doch ich kann nicht anders, als mich festzuklammern,
an deinem Anblick,
würde es was ändern, wenn ich lauter riefe?

Ich werde ertrinken!
Ich werde versinken!
Oh bitte, bitte bleib! Lass mich nicht allein, bleib!
Ich weiß, dass ich schwach bin, willst du das hör'n?
Willst du mich heulen seh'n, mich weiter betör'n?
Ich kann bald schon nicht mehr reden,
meine Sicht wird ganz schmal...
Ich weiß, nur du ziehst die Fäden,
es bleibt allein...
deine Wahl.

September 2020

Sonne

Ich sah farbenfrohe Lichter,
und Augen so rein,
ich sah täglich Gesichter,
doch keines wie deins.

Für mich bist du die Sonne,
dann bin ich bloß ein Mond,
du bist die größte Wonne,
und ich nichts, was sich lohnt.

Sobald du nur lachst,
sieht alle Welt deinen Schein,
doch ich brauch stets deine Macht,
ich strahle nie von allein.

Deine reinen Augen,
werden mich drum nie sehen,
dass sie meine Kraft rauben,
ist ohnehin ein Versehen.

Also scheine schön weiter,
erhelle den Tag,
bleib immer so heiter,
rette meinen Herzschlag.

September 2020

Ich will nur mein Herz zurück

Verlor'n,
ich hab verlor'n,
als hätt' man sich gegen mich verschwor'n,
mir alles, was ich zum lieben finde,
zu entreißen, sobald ich mich daran binde.

Allein,
ich bin allein,
so wird es wohl für immer sein,
weil jedes Licht verschwindet,
durch den Schatten, der sich an mich bindet.

Glückseeligkeit,
verdammtes Glück,
ich will nur mein Herz zurück!
Den Teil, den ich zu früh fort gab,
weil er zu schwer auf meiner Lunge lag.

Angst und Schmerz,
ihr altes Pack,
stülpt mich schon in euren Sack,
als wäre mir das Inn're neu,
die Schwärze drin bleibt mir als einz'ges treu.

November 2020

SELBSTVERLUST

Gewissensbiss

Das Gefühl ist kalt,
wie ein Spaziergang im Wald,
an einem stürmischen Tag,
über den dunkelsten Pfad.

Das Gefühl ist grau,
wie die Wolken so rau,
wenn die Dunkelheit herrscht,
und die Zeit sich verschärft.

Das Gefühl gewinnt Macht,
wie eine mondlose Nacht,
in der Sterne verglühen,
und Ängste aufblühen.

Die Schuld trag nur ich,
weil nur mir es entwich,
und nun steh' ich allein,
denn ich wollt' anders sein.

März 2019

Leere

Kennst du dieses eine Wort,
so fremd und auch so wahr,
hörst du hin und willst du fort,
spricht nichts, so wie es war.

Sagst du mir, fühlst du es auch,
spürst leise seine Macht,
langsam versinkst du im Rauch,
während das Wörtchen lacht.

Merkst du seine tiefe Ruh',
Gefühle schwinden fein,
jenes Wort lernt stets dazu,
und jeder Mensch wird klein.

Flüstert's dir: „Nun tritt doch ein",
und niemand bleibt er selbst,
Ja, es sagt: „Du bist nun mein",
sieh, wie du längst verwelkst.

Auf dem Herzen keine Schwere,
drum tritt ein... in die Leere.

November 2019

Rettet mich

Welt voller Stille,
stumm und verlor'n,
ganz ohne Wille,
bin halb erfror'n.

Wünscht, ich könnt' sehen,
sein, wie ich war,
will nur verstehen,
was ist falsch und was wahr?

Könnt ich nur schreien,
könnt ich doch lachen,
lasst mich doch weinen,
lasst mich erwachen!

Will nicht vergessen,
gebt mich nicht auf,
es wird mich zerfressen,
weil ich nicht lauf.

Oh, lasst mich betteln,
bitten und fleh'n,
doch ich kann nicht reden,
kann nicht mal steh'n.

Juni 2020

Nachtwache

Zu viele Gedanken,
die im Kopf dreh'n und dreh'n,
zu viele wirre Ranken,
die meinen Denkplatz einnehm'.

Zu viel Angst im Herzen,
zu viel Frust, zu viel Trauer,
viel zu viele Schmerzen,
liegen mir auf der Lauer.

Zu viel, was nicht sein muss,
kann die Pein kaum ertragen,
denn der Vergangenheits' Kuss,
erzählt von altem Versagen.

Wie ein Wicht folgt es mir,
und nimmt meinen Schlaf ein,
wie ein japanischer Tapir[1],
lässt's mich ziellos allein.

Darum bleib ich nachts wach,
und starre ins Nichts,
denn wenn ich nicht im Schlaf lach,
kriegt mich auch nicht der Wicht.

September 2020

---

[1] Auch Baku genannt: Japanisches Fabelwesen, das Träume fressen kann

Wundschmerz

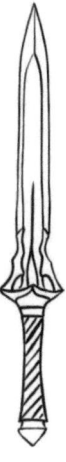

Vielleicht geht's mir jetzt besser,
auf die eine oder and're Art,
doch spür' ich noch das Messer,
das an meiner Kehle lag.

Wie eine breite Wunde,
begleitet mich dieses Gefühl,
ich spüre jede Stunde,
wie's ermüdet, wie's zerwühlt.

Es ist so wie ein Pochen,
das von nahender Heilung spricht,
doch bleibt's in meinen Knochen,
vom Versproch'nem nichts in Sicht.

Es ist kein echter Schmerz mehr,
doch ist's genauso wenig nichts,
und so bleibt mein Herz schwer,
so zerbröckelt mein Gesicht.

September 2020

Kontrollverlust

Wünsche, die walten,
Begierden, die zieh'n,
ich kann sie nicht halten,
weil sie mir entflieh'n.

Kopf immer kleiner,
das Herz dafür groß,
Gedanken unreiner,
ich werd sie nicht los.

Hier geht ein Putsch vor,
Verstand ist zu schwach,
er besitzt kein Schutztor,
wie ich's mir versprach.

So stürmen die Truppen,
von Herz, Bauch, Gefühl,
werden alles entpuppen,
nun beginnt das Gewühl.

Fremdbestimmt, wild,
und ohne Kontrolle,
vom Ziel gar kein Bild,
verlier ich meine Rolle.

Kann nur noch zuseh'n,
gescheh'n ist gescheh'n,
kann nicht mehr am Rad dreh'n,
werd mit davon weh'n.

November 2020

Fadenbruch

Kleine Nebel,
in der Ewigkeit,
wie feste Knebel,
sorgen für Einsamkeit.

Finst're Schwaden,
und fallendes Licht,
ein kurzer Faden,
der stets weiter bricht.

Leis und schleichend,
als könnt' man ihn hör'n,
Farbe erbleichend,
um das Ende zu
schwör'n.

Durchs verharren,
könnte jeder Moment,
jedes anstarren,
das sein, was ihn trennt.

So blieb's dann auf ewig,
das Ende wär' da,
befreit vom schwarzen
Käfig,
die Erlösung so nah'.

November 2020

Meine Schuld

Wenn ich weiß, ich bin nur der Knecht,
hab durch dichten Nebel keine Sicht,
wenn ich weiß, Gefühle sind nicht echt,
ist es dann okay, wenn es sticht?

Wenn ich weiß, ich verhalt' mich schlecht,
als stünde ich unter einem Zwang,
ist es dann nicht trotzdem recht,
weil ich es doch nicht ändern kann...?

Wenn ich spür, mein Herz vergeht,
gibt sich auf und gibt sich weg,
dann ist's doch schon längst zu spät,
dann hilft nur noch ein Versteck.

Wenn ich ohne Gnade fühle,
verliert mein Kopf seine Geduld,
wenn ich unter dem Druck fiele,
blieb es dann trotzdem... meine Schuld...?

Dezember 2020

Warum?

Frag bitte nicht, warum's mir so geht,
darauf weiß ich keine Antwort,
find lieber raus, *wie* es um mich steht,
falls nicht alles schon dahin dorrt.

Sind Gründe nicht auch scheiß egal?
Ich sag dir, ich kenn sie nicht,
und ich weiß, das passiert nicht zum ersten Mal,
dass alles einfach zerbricht.

Willst du einen Überblick?
Mehr kennen als nur ein Stück?
Ich glaub, dass ich langsam erstick!
am Herz, am Kummer, am Glück.

Wenn du dich fragst, was du machen kannst,
hast du schon halb gewonnen,
ein fieses, gigantisches Stück Angst,
wär' gleich als erstes verronnen.

Das einzig wirklich Wichtige:
Gib mich bitte nicht auf!
Ich weiß, es wär' das Richtige,
wenn ich einfach fort lauf.

Ich weiß auch, es ist furchtbar viel,
mein Gemüt gehört in Haft,
doch ich schwör', das ist kein Spiel,
und allein fehlt mir die Kraft.

Dezember 2020

Hilflos

Ich bin hilflos, hilflos und im Nichts gefangen,
kann nicht hoffen, nicht denken, nur um mein Leben
bangen,
kann nicht flüchten, nicht hören, wovon sie Lieder
sangen,
kann mich nicht bewegen, wenn's sich von mir
ernährt,
kann die Kraft nicht mehr spüren, wenn es mich
ausleert.

Ich bin so voller Angst, dass es mich längst zerfleischt,
so voller Trauer, dass ich gar nichts mehr weiß,
so voller Erinnerungen, dass mein Kopf bald zerreißt!
Ich kann mich selbst, meinen Anblick kaum mehr
ertragen,
wünscht, ich könnt sterben, statt wie stets zu
versagen...

Februar 2021

Träum nur, kleines Engelchen

Träum nur, kleines Engelchen,
leg dich einfach hin,
die Angst kann dir keiner nehm'n,
das wär' ohne Sinn.

Schließ die Augen, lass es zu,
öffne dich dem Traum,
ja ich weiß, dem Rendez-vous,
ist schwierig, zu vertrau'n.

Doch es ist schon alles da,
spukt längst in deiner Brust,
niemand weiß, wie es geschah,
doch jetzt steigert's die Lust.

Bitte versperr dich nicht mehr,
es ist doch alles gut,
sich zu öffnen ist sehr schwer,
doch du hast den Mut.

Versprechen kann ich wohl nichts,
ich werd's trotzdem tun,
zeigst du endlich dein Gesicht,
kannst du auch wieder ruh'n.

Oktober 2020

Ein Loch

Und ein Loch tut sich auf,
das alles verschlingt,
im Guten, im Schlechten,
bis die Sonne versinkt.

Ein Loch tut sich auf,
das mein Auge nie sah,
in all diesen Nächten,
obwohl es nie unsichtbar war.

Ein Loch, ein Loch,
das ich nicht wahrhaben wollte,
weil ich wusste, ich war schwach,
und doch stark sein wollte.

Ein Loch, ein Loch,
das ich selbst zu mir lud,
denn ich lag nächtelang wach,
in denen ich mich selbst nur betrug.

Ein Loch tut sich auf,
Von dem ich jetzt langsam weiß,
nur... ist es mir jetzt ... schon längst entgleist.

April 2021

Neue Ränder

Ich will weg, nur weg,
und ich weiß nicht wohin,
oder zu welchem Zweck,
oder aus welchem Sinn.

Ich kann nicht, will flieh'n,
bin so voller Furcht,
kippe auf meine Knie,
und der Boden bricht durch.

Alles hat sich geändert,
ich komm nicht mehr klar!
Es entsteh'n neue Ränder,
mein Gesicht wird ganz starr.

Ich suche, ich suche,
doch ich kann nicht zurück!
Ich ertrinke, ich rufe,
zerrinnt vor mir mein Glück.

März 2021

Ich glaube nicht

Ich glaube nicht an heute,
oder an ein Morgen,
ich glaube nicht an Worte,
die niemanden ermorden,
ich glaube an kein Leben,
das niemanden verletzt,
und auch nicht an Herzbeben,
das die Brust nicht gleich zerfetzt.

Ich trage tausend Wunden,
geheilt in meiner Glut,
meine Haut längst verschwunden,
unter Schorf, Krankheit und Wut.

April 2021

PERSPEKTIVEN

WECHSEL

Vorurteil

Was ist das Ende der Nacht?
Ist es... das Ende der Geisterstunde oder der Ruhezeit?
Der Moment der größten Pracht...
Oder doch das Ende einer Möglichkeit?
Was bedeutet es, wenn die Sonne lacht?
Ist das denn mehr - mehr wert als die Dunkelheit?
Schenkt es uns etwa besondere Macht...
Oder versteckt es nur die Einsamkeit?

Die Nacht bedeutet Leben in Angst,
sie ist düster, tödlich, einfach eiskalt,
sie ist, wovor man sich besser verschanzt,
sie steht für Trauer, Schmerzen und Gewalt.
Der Tag ist, was das Herz verlangt,
die Quelle von Licht, Wärme und festem Halt,
der Grund, warum unser Inneres tanzt,
und leuchten kann, wie ein Blütenwald.

Doch sind unsere Bezeichnungen recht?
Oder gibt es darin etwas misszuverstehen?
Ich sage, nichts ist jemals nur gut, nur schlecht,
und das – das müssen wir jetzt einsehen!
Manchmal ist auch der Tag ein Gefecht,
und in der Nacht das schönste Geschehen,
Manchmal ist man unter dem Licht nur ein Knecht,
Ja, manche können nur im Dunkeln sehen.

Deshalb, sieh nächstes mal genauer hin,
denn nichts hat jemals nur einen Sinn.

August 2020

Schattenseiten

Ich sah himmelblauen Engelsglanz,
und tanzende Lichter im ganzen Land,
ich sah Freuden voller Eleganz,
und Sonnenlicht, heller als ein Diamant.

Ich sah aber auch dunkle Flammen,
und höllische Fluten einer tiefen See,
ich sah unerfülltes Verlangen,
und Pläne scheitern wie auf der Odysee[2].

Doch dankbar bin ich nur für eines,
für das Düstre, Verhasste, für das Kalte,
es bietet mir etwas Wahres, Reines,
etwas, was ich sonst nie erhalte.

Ist es denn nicht einfach verrückt,
wie wir davonrenn'n vor unserer Welt?
Was bedeutet schon das größte Glück,
wenn niemand weiß, wie es ist, wenn man fällt?

Darum besteht der ewige Bann,
Licht ohne Schatten ist einsam und klein,
das ist etwas, was ich schwören kann,
niemand wird Glück kennen ohne Unglücklichsein.

August 2020

---

[2] Griechischer Epos, der die Abenteuer und Irrfahrten des
Odysseus schildert

Schicksalslist

Vielleicht ist uns vorherbestimmt,
wer in unser Leben tritt,
dann wäre jeder einzelne Schritt,
ein weiterer, der etwas erklimmt,
was unsere Seele schon längst mit sich nimmt.

Das hieße, alles, was wir jemals tun,
ist dem Höheren längst bekannt,
und renn'n wir gegen die nächste Wand,
oder verlangen unseren Wachstum,
weiß es, dass wir uns mit dem Weg vertun.

Das hieße, jeder kleinste Wunsch,
ist surreal oder längst erfüllt,
entweder werden wir vom Glück umhüllt,
oder das Pech feiert seinen Triumph,
über unser'n dummen Wunsch, so stumpf.

Und das Schlimmste an der Idee ist,
niemand trägt die Schuld für sich,
niemand ist verantwortlich,
für sich selbst, für seinen Mist,
es ist alles bloß die Schicksalslist.

September 2020

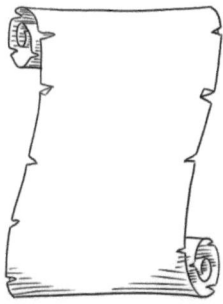

FORMFREIE

LYRIK

Mitten in der Nacht

Mitten in der Nacht und wieder noch wach. Am schwarzen Himmel funkeln einzelne Sterne und ein sichelförmiger Mond. Die Nacht ist eisig kalt, aber das ist ihr egal. Sie will nur mit ihrem Tee in der Hand an der Dachkante sitzen, den Hals nach oben recken und ihre Gedanken tun lassen, wovon sie sie eh nicht abhalten kann: Sie werden sich unaufhörlich im Kreis drehen ohne auch nur zu einem logischen Punkt zu gelangen.

Irgendwann hört das Mädchen Schritte hinter sich, aber sie hat keine Lust, sich umzudrehen.

„Du musst damit aufhören, du tust dir nur selbst weh." Die Schritte verstummen im selben Moment, in dem die Stimme hinter dem Mädchen zu sprechen beginnt.

Seufzend senkt sie den Blick und dreht ihre Tasse zwischen ihren Händen hin und her. „Ich weiß, aber ich habe keine Kontrolle."

„Dann hol sie dir zurück."

Sie schüttelt den Kopf und kneift die Augen zusammen.

Aus geringster Entfernung sieht es so wunderschön idyllisch aus, wie sie dort im schwachen Sternenlicht an der Dachkante sitzt und augenscheinlich die Nacht genießt. Aber in ihr sieht es anders aus. In ihr tobt ein Sturm.

In stummer Verzweiflung dreht sie sich herum. Hinter ihr wirbeln Staubpartikel durch die Luft. Ein verwundertes Blinzeln. Ein zweites. Eine Minute Ewigkeit, die sie keiner Lösung näher bringt.

„Ich kann nicht", flüstert sie und ihr Sturm dringt in die Nacht.

Dezember 2020

Verzweiflung

Dunkelheit. Doch sie ist nicht absolut. Ich kann noch immer die Schatten spielen sehen. Ich drehe mich einmal um meine eigene Achse, ich bin ringsum von hohen Ziegelmauern umgeben, die ihre Farben ständig zwischen schwarz und grau wechseln. Ich ziehe die Luft ein und stoße sie wieder aus. Grauer Nebel kommt aus meinem Mund. Ich kenne diesen Ort. So sieht es hier immer aus.

Ich balle die Hände zu Fäusten. Ich muss nachdenken! Es gibt garantiert einen Ausweg, es *muss* einen geben.

Plötzlich sehe ich an der Wand vor mir den Schatten einer Person. Ich schüttele instinktiv den Kopf. „Nicht du schon wieder", sage ich.

„Wo du bist, bin ich auch", antwortet eine raue, weibliche Stimme.

Ich fahre herum und sehe die Silhouette einer Person in den Schatten stehen. Lange Haare wehen vor ihrem Gesicht auf und ab. Ohne es zu merken, weiche ich einen Schritt zurück und schüttele noch immer den Kopf. „Wieso quälst du mich so?"

Sie legt den Kopf schief, einen kurzen Augenblick blitzt zwischen ihren Haaren was auf... ich kann nicht genau erkennen, ob das vielleicht ihre Augen waren. „Weil du es mir leicht machst."

Als ich das nächste Mal ausatme, verlässt meinen Mund nicht nur der Atemnebel, sondern auch ein gequälter, unkontrollierter Laut. Ich klinge müde. Ich *bin* müde. „Bitte... geh... weg", sage ich kraftlos... unmotiviert, als würde ich selbst nicht mal mehr an diese Bitte glauben.

„Lass mich dir helfen." Ich horche auf. Wer hatte das gesagt? *Sie* war es nicht gewesen, ich kenne ihre Stimme, ich kenne ihre Tricks, ihre Spielereien. Das hier gehört nicht dazu. Plötzlich erklingen immer mehr Stimmen. Sie scheinen aus den Wänden um mich herum zu kommen, die sich immer näher aneinander schieben oder... bilde ich mir das bloß ein?

„Du musst dich nicht so fühlen."

Ich lasse meine Augen hin und her springen. Ich will die Personen sehen, zu denen diese Stimmen gehören.

„Es wird alles wieder gut."

Ich nicke. Schüttele den Kopf. Nicke. Schlucke.

„Du bist stärker als das."

Ich glaube, keine Luft mehr zu kriegen. Meine Lungen zittern, mein Atem wird immer schneller, hektischer.

„Willst du dir nicht doch mal Hilfe holen?"

Ich schluchze auf, ich strecke die Arme aus und kann mich jetzt mit beiden Händen gegen eine Wand stemmen. Also doch. Sie kommen tatsächlich näher.

Mit jeder Sekunde wird mir bewusster, dass sie mich zerquetschen werden.

„Ich kann für dich da sein."

Mit jeder Sekunde steigt die Verzweiflung.

„Komm zu mir, wenn etwas ist!"

Ich taumle zurück, falle mit dem Rücken gegen die Wand hinter mir, drehe mich hektisch von rechts nach links, sinke schließlich an der Wand zu Boden, kneife die Augen zusammen und versenke mein Gesicht in meinen Händen. Als würde das alles verschwinden, wenn ich nur nicht hinsah...

„Egal, was du tust. Tu dir bitte nicht weh."

Mein Mund öffnet sich und ich höre mich schreien. Meine Haare stellen sich auf. Ich will wegrennen. Ich will weit, weit wegrennen und am liebsten nie wieder stehen bleiben, doch ich kann nicht. Ich bin eingemauert, ich kann nirgendwo hin.

Im nächsten Moment wird mein Körper aus seiner Position gerissen. Ich lehne immer noch an etwas, aber es ist keine kalte Mauer... es besitzt die Wärme eines menschlichen Körpers. Eine Hand fährt mir über die Haare und ich werde stumm. Meine Schreie ersticken in meiner Kehle und mein Atem wird ruhiger.

Als ich die Augen öffne, sind die Mauern und die Dunkelheit fort. Ich sitze in meinem Bett und weiß, ich habe wieder Hilfe benötigt. Weil ich alleine zu schwach war.

März 2021

Straßenbahn

Novemberkälte. Hände schnell in den Jackentaschen versenkt, da sie sonst so sehr frieren, dass sie sich ganz steif anfühlen.

Der Blick immer starr nach rechts gerichtet, die Straße hinunter. Bis ein grünes Licht die Ankunft der Bahn ankündigt.

Eisiger Wind in den Haaren, die Gleise nur einen Meter nach unten entfernt. Eine nahende Bahn von rechts.

Und ein Gedanke, von dem es schlicht unmöglich ist, ihn zu ignorieren.

Ein Schritt, ein Schritt nur... ein kurzer Moment des Fallens, ein Knall, ein von den Füßen gerissen werden und danach... nichts mehr. Vielleicht ein letztes Pfeifen in den Ohren und vor den Augen nur noch Schwärze.

Schwärze.

Keine Gedanken, keine Sorgen, keine Ängste.

Nur friedlich geschlossene Augen und ein klebriger, blutiger Körper, der einen endlich nichts mehr angeht.

Mit einem Ruck öffnen sich die Augen und beobachten eine Hand, die den Schutz ihrer Jackentasche verlässt und auf den Knopf vor sich drückt. Pfeifend öffnen sich die Türen der Bahn. Fuß eins tritt über die Schwelle, Fuß zwei folgt. Und der Gedanke schwindet – bis zum nächsten Mal.

Oktober 2020

Danksagung

Diesen Teil finde ich diesmal besonders wichtig! Denn ich muss lauthals Nina danken, die sowohl das Cover als auch all die wunderschönen Bilder und Illustrationen in diesem Band für mich entworfen hat. Danke, danke, danke! Mir hat die gemeinsame Arbeit mit dir an den Entwürfen unglaublich viel Spaß gemacht und du hast mich während der Arbeitszeit mehr als nur einmal aus meinem Loch gezogen und mich immer darin bestärkt, weiterzumachen und an dem Projekt festzuhalten.

Darüber hinaus danke ich Schulfreunden, die sicher nicht einmal mehr wissen, dass ich existiere, da sie sich die ältesten der hier enthaltenden Gedichte schon damals immer durchgelesen und mich im Weiterschreiben bestärkt haben.

Außerdem danke ich jedem, der seine Nase mal in diesen Band gesteckt hat. Er war ein unglaubliches, langwieriges Herzensprojekt von mir und ich freue mich so sehr, ihn bald in meinen Händen halten zu können und hoffe, dass ich damit auch dem ein oder anderen da draußen einen Blick in die Vielfalt der Gefühlswelt gewähren kann.

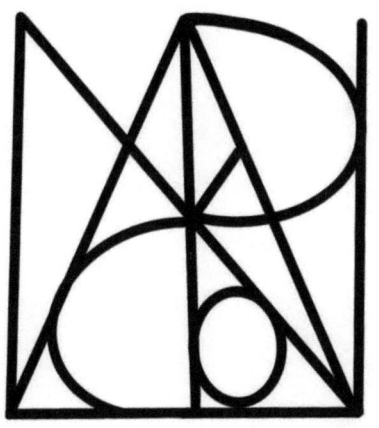